Inhalt

Controlling im Gesundheitswesen

Kernthesen

Beitrag

Fallbeispiele

Weiterführende Literatur

Impressum

Controlling im Gesundheitswesen

M. Westphal

Kernthesen

- Neben der Schaffung politischer Rahmenbedingungen sind insbesondere die Krankenkassen gefordert, ein verbessertes Controlling einzuführen, da die Kosten im Gesundheitswesen dramatisch steigen.
- Bereits im Rahmen der Verwaltungskostenquoten gibt es gewaltige Unterschiede zwischen den einzelnen Kassen.
- Auch die Anbieter von Leistungen im Gesundheitswesen, wie z. B. Krankenhäuser, sind aufgefordert, Ihre Leistungen stärker an Kosten- / Nutzen- Gesichtspunkten zu orientieren

Beitrag

Die Kosten im Gesundheitswesen steigen dramatisch

Die Kosten im Gesundheitswesen explodieren. Die Anbieter von Leistungen im Gesundheitswesen - Ärzte und Krankenhäuser - klagen über politisch "verordnete" Kostendeckel, die es teilweise unmöglich machen, dem Behandlungsauftrag entsprechend nachzukommen. So sind die allokierten Budgets schon häufig vor Ablauf des Jahres ausgeschöpft, sodass zumindest Patienten gesetzlicher Kassen nicht mehr, oder zumindest nicht kostendeckend, behandelt werden können.

Der Gesetzgeber versucht, mit verschiedenen Maßnahmen wie der Einführung von Listen von Arzneimitteln gleicher Wirk- bzw. Inhaltsstoffe und der Verordnung, jeweils nur die günstigste Alternative zu verschreiben, die Kosten einzudämmen.

Krankenkassen haben in diesem Zusammenhang nur die Möglichkeiten, ihren Leistungskatalog einzuschränken, Abrechnungen genauer zu überprüfen, interne Verwaltungskosten zu senken, oder die Beiträge zu erhöhen. Hinzu kommt, dass auch die privaten Krankenversicherungen immer stärker unter der Kostenexplosion leiden. Trotz der Anreize, über Prämienrückvergütung oder Selbstkosteneinbehalte, die Kunden/Patienten zu verstärktem Sparen zu motivieren, führt die Systematik der Einzelabrechnung für jede erbrachte Leistung zu einer Tendenz, möglichst viele Leistungen am Patienten zu erbringen.

Diese Entwicklung wird durch die veraltete und komplizierte Gebührenordnung für Ärzte, die seit mehr als 20 Jahren nicht mehr grundlegend überarbeitet wurde, gefördert. Entsprechende Forderungen an das Gesundheitsministerium, diese Gebührenordnung grundlegend zu überarbeiten, werden mit der Begründung von Personalmangel abgelehnt. Ohne ein aktives Handeln des Ministeriums kann sie aber nicht geändert werden, da jede neue Gebührenordnung auf dem Verordnungswege erlassen und von den Bundesländern genehmigt werden muss.

Der mangelnde Wettbewerb unter privaten Krankenversicherungen (z. B. aufgrund von gebildeten Altersrücklagen in bestehenden Verträgen, die ein Wechseln für einen langjährig bei einem Institut Versicherten unökonomisch macht) trägt im

Übrigen dazu bei, dass dieser Tendenz nicht entgegengewirkt wird. (1)

Die Krankenversicherungen sind gefordert, ein deutlich verbessertes Controlling einzuführen

Die Haupttreiber der Kosten der gesetzlichen Krankenkassen sind die steigenden Arzneimittelausgaben. Diese können weder von gesetzlichen, noch von privaten Krankenkassen wesentlich beeinflusst werden.

Neben diesen Arzneimittelkosten ist aber der sogenannte Risikostrukturausgleich (RSA) ein wesentlicher Faktor, der insbesondere den Betriebskrankenkassen ein Dorn im Auge ist. Sinn und Zweck dieses RSA ist es, die unterschiedlichen Kosten pro Versichertem bei den Kassen untereinander auszugleichen, um so für einen fairen Wettbewerb zu sorgen. Es soll vermieden werden, dass es Versicherungen gibt, die nur junge und gesunde Kunden anwerben, während andere die Schwerstkranken versorgen müssen. Ein böser Nebeneffekt dieses RSA ist allerdings, dass

Krankenkassen für ihr effizientes Wirtschaften bestraft werden, da sie zwar günstige Kennzahlen im Bereich Kosten pro Versichertem aufweisen, diesen Vorsprung dann aber über den RSA abführen müssen. (2)

Darüber hinaus gibt es natürlich auch noch die Verrechnung der ärztlichen Leistungen. Für gesetzliche Krankenkassen besteht hier kaum ein nennenswerter Ansatzpunkt, diesen Kostenblock zu steuern.

Private Krankenversicherungen versuchen neben einem intensiveren Gesundheitsmanagement und strafferem Controlling nicht nur, überhöhten Abrechnungen auf die Schliche zu kommen, sondern wollen auch durch aktive Unterstützung der Patienten verhindern, dass sich diese auf evtl. unnötige, kostentreibende Mehrfachuntersuchungen einlassen. (1)

Die Krankenkassen müssen effizienzsteigernde Maßnahmen ergreifen um ihre Verwaltungskostenquoten zu

senken

Die Verwaltungskostenquote setzt sich zusammen als Quotient aus Verwaltungskosten und Gesamtkosten. Ziel eines jeden Versicherungsunternehmens muss es sein, diesen Satz so gering wie möglich zu halten. Bestimmungsfaktoren für die Höhe der Verwaltungskosten sind zum einen die Effizienz der internen Abläufe und Prozesse, aber auch die Außendienstabdeckung, bzw. die Dichte des Filialnetzes.

Die Ansatzpunkte für ein Controlling der Verwaltungskostenquote sind daher:

- Analyse und evtl. Redesign der gesamten Prozesse
- Entscheidung über optimale / notwendige Außendienstabdeckung

Auch Krankenhäuser und Ärzte müssen ihre Leistungen einem ganzheitlichen Controlling unterziehen

Ziel eines ganzheitlichen Leistungscontrollings der Dienstleister im Gesundheitswesen muss es sein, eine gute Betreuung der Patienten sowohl im Rahmen der ärztlichen Leistungen aber auch des gesamten Service in der jeweiligen behandelnden Institution zu gewährleisten. Allerdings muss in der gleichen Betrachtung sichergestellt sein, dass kein Geld verschwendet wird. Hierzu müssen die gesamten Prozesse, das Qualitätsmanagement, das Marketing, die optimale Patienten-/Kundenbetreuung und eine transparente Verwaltung auf mögliche Ineffizienzen und Kostentreiber hin untersucht werden.

Ein Effizienz-Controlling z. B. im Krankenhaus muss Prozesse wie Auslieferungen der Mahlzeiten an die Patienten analysieren. Um sicherzustellen, dass die Patienten warmes Essen bekommen, muss die gesamte Transportkette von der Fertigstellung der Mahlzeiten in der Kantine bis zur letztendlichen Auslieferung beim Patienten untersucht werden. Werden die Mahlzeiten sofort nach Fertigstellung abtransportiert? Ist der Transport gut organisiert? Ist auf der Station ausreichend Personal vorhanden, um die Auslieferung durchzuführen? Ist sichergestellt, dass zur Essenszeit keine medizinischen Untersuchungen angesetzt werden?

Ebenso muss der kontinuierliche und kompetente Dialog mit den Krankenkassen und Ministerien gepflegt werden. Aber auch die internen Leistungsprozesse müssen genauestens überwacht werden. Sollte eine Überprüfung der Verbleibkennzahlen der Patienten im Krankenhaus ergeben, dass ein signifikanter Anteil der Patienten für bestimmte Leistungen eine überdurchschnittliche Verweildauer hat, dann muss dieser Sachverhalt in der entsprechenden medizinischen Abteilung untersucht werden. Analog gilt dies für wachsende Überstundenkontingente einzelner Abteilungen bei gleichbleibenden Patientenzahlen. (3)

Fallbeispiele

Auf Initiative der Gesundheitsbranche ist im letzten Jahr ein neuer Beruf aus der Taufe gehoben worden. Der Kaufmann/-frau im Gesundheitswesen wird in einer dreijährigen Lehrzeit im Betrieb und in der Berufsschule ausgebildet. Einstellungsvoraussetzung ist in der Regel ein guter mittlerer Abschluss. Ausgebildet und später eingestellt werden diese Kaufleute in Krankenhäusern, größeren Arztpraxen, Rettungs- und Pflegediensten, Einrichtungen für Behinderte und Organisationen der freien Wohlfahrtspflege. (3)

Die immer noch aktuelle Gebührenordnung für Ärzte

(GOÄ), die bei Leistungen für Privatpatienten Ansatz findet, stammt von 1978. Ihr liegen für konkrete Leistungen absolute Preise zugrunde. Die Kostensätze dieses Leistungskatalogs können durch Faktoren erhöht werden, die die Schwierigkeit einer Arbeit berücksichtigen sollen. Diese Faktoren müssen dann vom behandelnden Arzt entsprechend begründet werden, wobei Begründungen wie z. B. "Erhöhter Zeitaufwand wegen schwerer Zugänglichkeit" ausreichend sind. Diese Gebührenordnung wird vom Bundesgesundheitsministerium erlassen und unterliegt der Zustimmung der Länder. (1)

Im Schnitt betragen die Verwaltungskosten bei den gesetzlichen Krankenkassen 5,6% wohingegen die BIG (Bundesinnungskrankenkasse Gesundheit) einen Satz von 2,5% aufweist. (2)

Die AXA Krankenversicherung hat durch ihr aktives Gesundheits- und Kostenmanagement, welches 1998 begonnen wurde, allein im Geschäftsjahr 2001 Einsparungen von 2 Mill. Euro erwirtschaftet. Für das aktuelle Geschäftsjahr erwartet man als Ergebnis dieser Aktivitäten eine Einsparsumme von gut 2 Mill. Euro. Ziel ist es, die Aktivitäten so weit auszubauen, dass in den kommenden vier bis fünf Jahren ein zweistelliger Mill. Euro-Betrag eingespart werden kann. Dieses führt zu einer deutlichen Stabilisierung der Beiträge. Die Beiträge werden zum 1.1.2003 um

durchschnittlich 4,5 5% angepasst. Die Einsparungen der AXA Krankenversicherung AG, Köln werden im Jahre 2002 etwa zur Hälfte aus Einsparungen im Bereich des sogenannten Hilfsmittelmanagements erzielt. Dieser Baustein sorgt für effiziente Beschaffung u. a. von Rollstühlen, Prothesen, Geh- und Hörhilfen und Beatmungsgeräten. Darüber hinaus wird etwa eine halbe Mill. Euro an Einsparungen über das sogenannte Cost Containment erzielt, welches sich auf die im Gegensatz zu Europa in den USA mögliche Verhandlung der Kosten fokussiert.
Zwar würde ohne dieses aktive Gesundheitsmanagement die Verwaltungskostenquote der AXA schneller sinken, aber derzeit stehen die Ziele Effizienz und stabile Versicherungsbeiträge im Vordergrund der Strategie der AXA. Die Beitragseinnahmen stiegen im ersten Halbjahr 2002 um 12,3% auf 331,0 Mill. Euro (für das Gesamtjahr werden 671,3 Mill. Euro zu 604,8 Mill. im Vorjahr erwartet). Dieses Wachstum führt zu einer Kostendegression bei der Verwaltungskostenquote von 4,1% im Jahr 2001 auf 3,6% im Jahr 2002. (4)

Mittlerweile kommen auch Planungs- und Steuerungsprogramme für das Gesundheitswesen auf den Markt. So hat die MFB AG kürzlich das Programm "MFB Medical Planning Consultant" vorgestellt. Mithilfe dieses Produktes erlangt das

Klinik-Management jederzeit fundierte Einblicke in die wirtschaftliche Situation des Unternehmens. Die Planungs-, Controlling- und Risikomanagementprozesse werden mithilfe dieses Tools abgebildet und unterstützt. Darüber hinaus ist ein Expertensystem integriert, welches auf Wunsch geeignete Handlungsempfehlungen zur Planerfüllung generiert. (5)

Um eine effizientere Mittelverwendung über koordinierte Auslastungen und teilweise zusammengelegte Verwaltungsprozesse zu erreichen, wird im Wetteraukreis und Bad Nauheim über eine mögliche Kooperation zweier Krankenhäuser diskutiert. Die nur vier Kilometer voneinander entfernt liegenden Kliniken sollen laut einem Gutachten in der Form miteinander kooperieren, dass bestimmte medizinische Abteilungen jeweils nur in einem der Häuser konzentriert würden. Weitere Ansatzpunkte, die in dieser von Ministerium und Krankenkassen erzwungenen Diskussion erörtert werden, sind ein unter einheitlichem GmbH-Mantel geführter Klinikverbund oder aber zumindest eine Nutzung von Synergieeffekten beim gemeinsamen Einkauf medizinischen Bedarfs, einer gemeinsamen Essensversorgung oder gemeinsamer EDV-Verwaltung. So wäre auch ein zusammengelegter Betrieb von Finanzbuchhaltung, Personal, Budgetverhandlungen und Controlling denkbar.

Ebenso könnten Bereitschaftsdienste geteilt oder medizinisches Großgerät gemeinsam genutzt werden. (6)

Weiterführende Literatur

(1) Die Ärzte schröpfen die Privatpatienten
aus Frankfurter Allgemeine Sonntagszeitung, 08.09.2002, Nr. 36, S. 29

(2) Theye, Björn, Ruhe vor dem Sturm, Noch halten die Krankenkassen ihre Beiträge trotz Defizits stabil, Süddeutsche Zeitung, 29.08.2002, Ausgabe Nordrhein-Westfalen, S. 34
aus Frankfurter Allgemeine Sonntagszeitung, 08.09.2002, Nr. 36, S. 29

(3) Dienstleister zwischen Service und Sparen
aus Stuttgarter Zeitung, 21.09.2002, S. 16

(4) Gesundheitskosten: Den Rechnungsexperten auf der Spur
aus Versicherungswirtschaft, 15.9.2002, 57.Jg., Nr. 18, S. 1436

(5) Planungsmodul
aus CYbiz Nr. 09 vom 28.08.2002 Seite 031

(6) "Das Friedberger Bürgerhospital ist bedroht" Um die Fusion der Krankenhäuser in der Kreisstadt und Bad Nauheim wird weiter gestritten / Grüne kontra

Huke
aus Frankfurter Rundschau v. 16.08.2002, S.5

Impressum

Controlling im Gesundheitswesen

Bibliografische Information der deutschen Nationalbibliothek

Die Deutsche Nationalbibliothek verzeichnet diese Publikation in der deutschen Nationalbibliografie; detaillierte bibliografische Daten sind im Internet über http://dnb.d-nb.de abrufbar.

ISBN: 978-3-7379-0129-1

© 2015 GBI-Genios Deutsche Wirtschaftsdatenbank GmbH, Freischützstraße 96, 81927 München, www.genios.de

Alle Rechte vorbehalten. Dieses Werk ist einschließlich aller seiner Teile – z.B. Texte, Tabellen und Grafiken - urheberrechtlich geschützt. Jede Verwertung außerhalb der Grenzen des Urheberrechtsgesetzes bedarf der vorherigen Zustimmung des Verlags. Dies gilt insbesondere auch für auszugsweise Nachdrucke, fotomechanische Vervielfältigungen (Fotokopie/Mikroskopie), Übersetzungen, Auswertungen durch Datenbanken oder ähnliche Einrichtungen und die Einspeicherung und Verarbeitung in elektronischen Systemen.